이일규 시집

중앙탑으로 가네

시인의 말

고향의 시냇물처럼 흘러간 시간들을
마루 끝에 앉아 어루만지다가
한 권의 시집으로 묶습니다

읽어주시는 분들께
감사드립니다

2025년 10월
이 일 규

차 례

시인의 말   03

제1부 흙에 새겨진 이야기

비내섬 갈대밭   10
삼탄三灘에서 울다   13
장미산성   15
그대 만나러 중앙탑으로 가네   17
달래강   19
목계나루   20
충주호   22
시간을 지나며   24
누암리에 신라인이 눕다   26
수주팔봉   28
충주고구려비   30
탄금대   32
쇠북소리에 더 깊어져   35
활자의 여행   39
바람은 붉은 벽을 넘어   47

제2부 작은 손을 잡고

공이동 가는 길	50
공이동 1	52
공이동 2	54
공이동 3	56
기억의 탄생	58
기도	60
숨바꼭질	61
말을 배우는 중이에요	62
사랑이라는 이름으로	64
물안개 피어날 때	66
세 그루의 나무	68
국제평화기구	70
사랑을 보내고	73
항아리	75
초상화	77
축, 12월	79

제3부 사소한 날들의 무늬

눈이 내리는데	84
기억의 잎을 만지며	87
마음속의 연못	88
돌아서 가기	90
그대의 날은 온다	92
함성	94
삶	96
오늘의 전국 날씨	97
병원놀이	99
첫눈 오는 날	101
언젠가는	103
한 페이지	104
당돌하게 용감하고	106
동창회	108
행복한 마을	110

제4부 여기, 내가 있다

내 영혼, 산을 오르다   122
바람 속에 앉다   124
왕조의 사원   126
흑장미   128
이방인   131
노랑지붕집   132
하늘길   134
옐로우스톤의 새벽   136
물에서 태어나다   138
피에로티 언덕   141
퍼레이드   143
조슈아트리   145
그랜드캐년   147
리오그란데강   149
죽음의 계곡   150
여기, 내가 있다   152

해설 | 흙의 기억을 시에 담다   154

제1부

흙에 새겨진 이야기

비내섬 갈대밭

강물 깊은 곳에
몸을 맡기는
나직한 산자락 같이
가로수와 마을도 물속에 잠기고

앙성천 잔잔한 물결은 봄날 같아
구름 몇 점 내려와
발 담그는 강변 갈대숲
낚싯대 하나로 하늘을 낚는
옛 선비 보이네

'이제 그만 한양으로 가시지요'
벼슬바위 한 번 바라보고
송국당은 시 한 수로 답한다
"동강칠리탄 부청산조대 洞江七里灘 富靑山釣坮"
벼슬을 버렸으니 엄자릉처럼
낚시나 하면서 살라하네

눈길로 이어 만든 비내길
멱 감으러 오가던 아이들이 만든
추억의 오솔길에
트럭이 길 하나 더 만들었네

명예도
욕심도
사랑도
낚싯대 끝에 흔들리는데
강바람은 벼슬바위 쪽으로
무슨 길을 내려나

태자산 끝자락 봉우리 아래
솟은 수탉의 벼슬
마고할미 치마폭에서 빠져나온
영험한 바위

남한강 갈대밭 길 걷다 보면
사랑마저 버리라는
갈대의 울음소리뿐

삼탄三灘에서 울다

삼탄마을에 하루 다섯 번
열차가 선다기에
그대 만나러 삼탄으로 갔다
강자갈처럼 기차소리
모아놓고
나를 기다리던 그 사람은
어디로 갔는가

아직 피지 않은 버들강아지
눈 속에 묻어 놓고
황새 한 마리
천등산 자락으로 올라
지등산 인등산
품에 꺾어 넣고
오래된 소나무 위에서
날개 접는다

광천소, 소나무, 따개비, 삼 여울
삼탄三灘의 통곡소리에

울음소리 씻어 내던
물오리 떼
물비늘 사이로 피라미 떼 오를수록
눈빛 날카로워 지네

〈박하사탕〉 같이
수줍은 첫사랑 때문일까
그 모습 지워지지 않는다
자갈밭 걷는
달빛같이

장미산성

나를 이방인이라 의심하지 마라
나는 장미다
찔레나무와 해당화,
인가목과 돌가시나무
오래전부터 내 친구였으니

국가지정문화재
충주시 가금면 장천리 산77-1번지
장미산 능선을 따라 포곡식으로 쌓은
시간의 성채

충주목 서쪽 28리
고려의 세월 아래
장미산성 남쪽엔
조세를 모아두던 창고가 있었다지

내가 북서쪽을 지켜줄 테니
남한강아,

동쪽으로 휘돌아
북쪽으로 편히 가거라
뱃길과 육로를 품에 안고
하늘에서 내려다보던
산성

신라가 쌓았으나
백제 고구려 신라가 차례로
그 주인이 되었구나

비 오는 봄날, 장미산성에 올라
충주호를 내려다본다
이곳에 장미를 심은 이는
누구인가?

그대 만나러 중앙탑으로 가네

탑평리 7층 석탑
서럽도록 눈시린 그대 있어
강변을 따라 걷는다

통일신라 원성왕은
신라의 중앙을 표시하기 위해
걸음 잘 걷는 사람을
남쪽과 북쪽에서 동시에 출발시키니
충주 남한강변에서
만났다네

신라 국토의 중앙,
강가에 높은 토단을 만들어
석탑 하나 세우니
기다리는 사람
만나는 곳 되었네

멀리서 오는
비처럼 눈처럼

고려의 청동거울 두 점과
사경寫經은
나중에 넣었을 거라고…

고구려비 탄금대 중앙탑을 잇는
중원의 호반도로
음악처럼 하얀 물결
넘쳐 오른다

국보 제6호 중앙탑은
탑평리에 세운
7층의 탑신塔身
올라갈수록 탑신과 옥개석은 좁아지고
기단부에는 양 우주와 4개의 탱주
상륜부 노반露盤과 복발覆鉢 앙화仰花

그대,
메르시 거기에 있었네

달래강

속리산 자락에서
새벽을 떠나온 이슬
중원의 햇살 받아 달강 되었네

물이 달아
사람들은 그 강을 노래하고
곁에선 사과가 자란다

단물 머금은 가지마다
하늘빛 묻은 열매
사람들 가슴에서 익어간다

달강이 키운 사과
입술에 닿는
태양의 붉은 속살

입 안 가득 맴도는 충주의 맛
그 속에 강물의
노래가 녹아있다

목계나루

태백에서 발원한
물줄기
산 넘고 고개 넘어 흐르다
여기, 목계
물살이 잠시 숨 고르며
쉬고 있다

이제
배도, 뱃길도 없고
물 밖으로 머리 조아려
말없이 사람들의 발길을 받아주던
징검다리마저
사라졌네

동이 트기 전
사람과 짐을 실어 나르던
배 한 척
눈빛 부석한 얼굴마다

땀내 절은
고단한 삶이 묻어 있었고

한때는
물비린내 서린 웃음소리
그렇게 북적이고 있었지만
억새밭
빼곡한 시간의 등줄기
느슨한 바람만이
헤치고 간다

그래도 여전히 강물 어딘가에
그들의 그림자는
속삭이며 맴돈다

충주호

두고 온 마당이
지금은 다 물 냄새로
들어앉았고

돌담이 그려 놓은 물의 지도는
숨을 멈추게 할 만큼
고요하고 예쁘다

잠긴 것들이 더 또렷해진다

물 아래 첫 집,
누군가의 첫 울음,
봄날 새싹들의 말다툼 같은 것들이
지금도 사는 것 같고

호숫가에서
사람들은 사진을 찍고 웃지만
그 물 아래엔
내 발자국들이 말없이 잠겨 있다

누가 지나갔는지
아무도 묻지 않고
햇살만 그 위를 조용히
덮고 간다

잊힌 것들이 아프다

시간을 지나며

문경새재 길이 좋아
가끔 혼자 걷는다

등에 배낭 하나 메고
느릿느릿 걷다 보면 묵은 시간들
얼굴을 내민다

선비들이 한양으로 향하던
고갯길
지금은 운동화 자국으로 덮이고

누군가는 땀을 적시며 걷고
나는 여유 있게 따라 걸으며
발끝에 스민 이야기를 듣는다

굴절하는 빛처럼 휘어진 길 위로
햇살이 가만히 내려앉을 때
사진을 남기며 웃는다

나는 걷는다
말없이,
나무 그림자와 함께

누암리에 신라인이 눕다

가야의 굽다리접시가
왜 충주까지 왔는가
묻고 싶어 누암리 고분을 찾았다

무덤이 많다는 무지개 고개를 넘으니
경주의 대릉원보다 큰 고분이
시무룩이 앉아 있다

짧은 굽다리접시 바리합 항아리
금동제 귀고리까지
그 주인은 누구였을까

신라 귀족이었을까
가야인이었을까
진흥왕이 국원소경으로 보내던 날
우륵도 가야금을 지고
충주로 왔다지

제자를 기르고
가야금 곡조를 새로 만들며
고향에서 쫓겨난 한恨을
탄금대에서 뜯었겠지

천오백 년 고요한 무덤
짧은 굽다리접시를 들여다보며
생각했다

고려장에서 나온 것일까?
아니네, 이 사람아

우리 땅에는
부모를 내다버리는 고려장이
아예 없었다네

수주팔봉

달천을 따라
송곳바위, 중바위, 칼바위가
밤마실을 나선다

493m 칼바위에 오르니
두려움 때문인가
물 위에 떠 있는 봉우리가 돈다

오가천은 달천에 몸을 섞고
수주팔봉 살을 파고들어
물빛을 토해낸다

철종 임금
여덟 개 봉우리가 비친 강물에
발을 담그니
발밑으로 수달이 논다

꿈속이듯, 신선이듯
왕이 나루터에 도착하니

'어림포'였던가,
'왕답마을'이었던가

충주고구려비

중원 땅 용전리 입석立石마을
골짜기에
되돌아온 고구려의 메아리

1981년 국보 제205호가 되어
보호각 안에 있어도 비바람을 견디지 못해
전시관으로 옮겨졌다

영락7년세재정유永樂7年歲在丁酉
서기 397년 신라는 고구려의
속국인가 형제국인가

밤과 낮만이 글자를 지웠을까
동네 대장간 기둥이었을 때
대장장이의 금속 두드리는 망치소리에
글자의 획도 놀라 눈을 감았지

'오월, 고려태왕高麗太王의 조왕공祖王公과
신라 매금寐錦은 세세토록 맹세처럼
지내길 원해 화목을 다짐하고
하늘의 도를 지키려 동으로 왔다'

고려태왕이라면
고구려는 스스로를 고려라 불렀고
신라인이 읽으라고 이두로 새겼으니
신라는 고구려의 속국이었네

탄금대

나는 오대산에서 왔는데
그대는 속리산에서 왔는가

두물머리에서
남한강과 달천강이 만나
북한강으로 달린다

우륵의 가야금소리도
절벽 울창한 송림숲에서
달려 나온다

새재 곳곳에 깃발을 꽂고
험준한 산에서
피리 불고 징 치고
솔연기 때문에 적이 어지러울 때
쳐 내려갑시다
장군!

왜군은 보병뿐이다 우리는
기병인데 들판에서 달리며
베어야 한다
낮은 평야에 배수진을 친다

우륵의 가야금소리에
기암절벽 위의 오래된 소나무
붉은 솔잎 뿌리네
장군! 장군!

머리카락 한 올도 적에게
빼앗길 수 없다며
신립장군 열두 대 바위로 달려가
몸을 날리니
김여울이 따라서 뛰어 내리고
박안민도 낙엽처럼
강물로 떨어지니

그 충절에 조선 땅이
울었더라

전투 중에 뜨거워진 활을 식히려고
열두 번은 오르내린 커다란 바위 뒤
북한강은 유유하네

이일은 숲에서 적병을 베고
머리 하나 허리에 꿰차고
한양으로 달려간다

머리는 남쪽 성문에 걸고
"신립장군이 죽었습니다"

'申砬將軍殉國之地'
표지석을 세운다
여기 열두 대 적전지에

쇠북소리에 더 깊어져

청주읍성 북서쪽
五里 바깥에 있는 양병산養兵山 단풍이
가을마다 붉게 타오르는 것은
옛 병사들의 함성 때문일까

옛날에는
굽이굽이 휘어 도는
무심천 변 운천雲泉사지로
부처님 미소 같은 새벽안개 번져올 때

신라 옛 절의 수막새 아래서
청동종 울음소리에 누구나
불심에 젖었을
테지만

연당사지 사뇌사지
허물어진 터에 이웃하고 사는 사람들도

그런저런 이유로 단풍잎처럼
불심에 젖었을까

세월이 흐르고 흘러도
폐사지 패랭이꽃처럼 사는 사람들은
쉽게 물드는 것이라고
그냥 가슴에 그렇게 묻지

청동으로 만든 쇠북金鼓
공양시간 알리는 전음을 끝낸 후
흥덕사 처마 끝에 걸릴 때

연당마을 연꽃바람 먼저 달려와
금구에 머리 부딪는
촌척의 순간!
연꽃무늬에 구름 테두리 바깥으로

한 뼘 넘게 열어둔 소리 나가는 길로
연꽃향기 따라
'서원부 흥덕사西原府 興德寺'
음각글자 흩어지는
순간!

새벽 돌고개 넘어 소생이 밭으로 가는
폐사지 농투성이는 흙 속에
손발 담그고 불심으로
가슴 씻었을 거야

연꽃향기 묻은 쇠북소리에
더 깊어져 쇳물 붓는
주자소 주자공鑄字工들은 손과 발
어깨 먼저 깨우고
가슴 씻었을 거야

앗!
늦은 저녁
흥덕사 이름 적혀 있는
청동발우를 들고
스님들 어디로 가시나
청주목 밖 흥덕사
석찬과 달잠 스님은 성미도
급해라

벌써 금속활자 가슴에
먹물 적시고 있네

2024년 직지콘텐츠 공모전 시 부문 대상 수상 작품

활자의 여행

1
신라에서 세계 최고의
목판인쇄물이 세상에 나왔네

751년에 완성된 「무구정광대다라니경」
불국사 석가탑에서 나온
620㎝의 두루마리 인쇄본이다
글자에 먹칠하고
닥종이로 덮어
신라의 고운 손끝으로 노래하며
두루마리책을 만들었네

판각술이 정교하니
경문의 서기瑞氣가 세상으로 한없이
뻗쳐 나갔지
망자 추복追福하면
정토왕생하니 재앙은 물러나고
만복이 활짝 열리네

공덕을 얻기 위해
오래된 탑을 중수할 때
김대성이 불국사 중창하고
「무구정광대다라니」경문 봉안하였으니
신라의 목판인쇄문화
세계 최고의 화려한
꽃이 되었구나

2
「무구정광대다라니」경문을 발췌한
「백만탑다라니」경문이 일본에서 나왔지
조그마한 나뭇조각에 새겨
도장처럼 찍은 770년경에 만든
나뭇조각 인쇄물이었어

천년 가까운 세월이 흘러
임진왜란을 일으켜
조선의 자기장과 활자장을 납치하여

조선 자기와 금속활자를 만들라고
난리법석을 치니
비 그칠 때마다 무지개는 섰지만
한반도 향하여 아프게
지나간다

3
아마, 어느 날이던가

서산의 고운 능선을 넘고 있는
노을빛은 하루의 온기를 식히며
부서진 햇살 마을로 내려 보내는데
저녁거리 구하러 나간 아내는
돌아오지 않는다

감나무 가지 끝
까치밥처럼 겨울새를
기다리는 일은 하고 싶지 않아

단감을 향해 장대를 들어 올린다
아내에게 향하는 마음이
늘 모자라는 발끝으로 푸른 하늘을 날을 듯
발뒤꿈치를 한껏 올려본다
고향의 아내가 거기에 있다

모래 위에 아내를 그린다
파도가 쓸고 가면 또 그린다
이번에는
진흙 위에 얼굴을 그린다
기다림 저편으로 몇 날의 해가 지나가고
흙 편 위에 화석 같은
그림문자 남는다
교니(흙)글자가 만들어지는 순간이 아닐까

1000년경 중국 송나라에서
동전 한 닢처럼 얇은 흙 편에
글자를 새겨 구워내니

교니활자 세상에 나왔다
얼굴무늬 막새에 어느새
신라의 미소가
아른거린다

4
칭기즈 칸의 손자였던 훌라구가
1256년 만든 일 칸국이
1230년 이전 시작된 한반도의 금속활자 인쇄술을
서양으로 옮겨간 것일까
교역상들 봇짐 속 짤그락 소리
사막을 파고드는 열기에 녹아
중앙아시아로 다시 사마르칸트와
콘스탄티노플을 거쳐
유럽으로 금속활자 인쇄술
펼쳐졌겠지

고려 충선왕이 1314년
학술연구기관인 만권당을 세우니
중국학자들은 서체를 전하고 난 후
고려의 금속활자 인쇄술을
챙겨갔겠지
저절로 비단길은
금속활자길 되어
유럽 문명의 새 길을
틔웠을 거야
고려 출신 원나라 기황후(1315-1369)는
조정을 움직이면서
고려의 금속활자 인쇄술을 끌어들여
「청량답순종심요법문」을 찍었네

5
동서양 문명 충돌 때
이슬람 군대의 포로가 되었던
종이 만드는 기술자와 화약제작 기술자들은
서양으로 끌려가 종이를 만들고

화약도 만들었지
구텐베르크도 후한의 채륜이 만든 종이에
「42행 성서」와 「36행 성서」를 찍었네

금속활자는
그 근본이 있어
영원한 불심佛心을 가지라고
쇳물로 글자를 만든 것이지
성경도 다르지 않은 것이어서
하느님을 믿고 따르는 사람들은
반드시 흥興하고 축복祝福받을 것 이라며
「42행 성서」와 「36행 성서」를 인쇄하였구나
금속세공사들의 금속활자 창조품은
세계 곳곳 도서관에 걸린다

6
통일신라의 목판인쇄술은
고려에 와서
세계 최초의 금속활자가 되고

고려시대 금속활자는 조선으로 이어져
한자활자를 시작으로
1447년 세종 29년 무렵
월인석보 한글자 청동활자 되었지
9월에는 청동으로
「월인천강지곡」과 「석보상절」도
만들었다

간기에 찍힌 붓두껍 무늬가
똑같은 직지가 북한 묘향산
보현사에 있다 하였지만
영인본처럼 깨끗하여 세계 최고의
금속활자 본인지를 알 수 없어

프랑스 국립도서관에 있는
『직지심체요절』을
2001년 유네스코 세계기록유산에
등재하였네

바람은 붉은 벽을 넘어

가을비 부서져 퍼붓던 날
나는 고통의 역사 속을 걷는다
1908년, 문을 연 경성감옥

'그 해 겨울은 유난히도 추웠다...
 한 밤중 나막신 소리가 저벅저벅
 울려오는 옆 감방 문이 덜컹 열리는
 소리가 들린 뒤 다시 나막신 소리가
 멀어져 가는 소리는 예외 없이 배고픔과
 굶주림으로 죽은 시체를 실어내는 것이었는데...
            이희승 〈다시 태어나도 이 길을〉'

쓴 울분을 한줌씩 삭이고 있었을
독립투사들의 혼이 깃든 옥사 안에는
마른 바람의 냄새 묻어나고

되돌릴 수 없는 시간 아래
추모비에 새겨진 이름들
하늘빛 안에서 조용히 눈뜬다

제2부

작은 손을 잡고

공이동 가는 길

나는 숨어있지 않아요
말랑말랑 초록 가마 타고
충주호 물길 따라
오월이 발끝을 간질여요

강아지도 못 키우는 산골
쑥부쟁이 따라오고
할머니들 가마 앞에서
"어이구, 복 많다"하셨대요

아낙들 수군거림에
연지 찍은 새색시
수줍은 살결이
감나무 잎새 끝에, 살짝 걸려요

멀리서 바라보는 누군가 있었지요
정월 초하룻날 꿈속에서

호수가 언덕에 나란히 앉아 있던 그 사람
오월의 가슴속에 아직도 살아요

낯익은 눈동자 스무 살 수줍은
얼굴 싱글벙글 물결이
여덟 갈래로 넘쳐나고
초가지붕 위엔 박덩어리 열여섯

나는 엄마의 그날을 따라
마을 길모퉁이를 돌아요
감잎들 일규엄마 왔다고
소곤소곤

공이동 1

고니실 공이곡 공이리로
이어온 자갈밭 들녘
하나 둘 모여든
초가들이
산자락 끝에 매달려 있고

마을 입구가 좁고 긴
호리병 안에는
암수바위
유산 하리 송정 유촌
평촌 공말 단말 하녀골이 산다

선조들의 시 읊는 소리
틈새로 스며든 너럭바위에
바둑판 새겨
노천 노강 노탄 노호 둘러 앉아
바둑을 둔다

따뜻한 마을
동쪽으로 솟구친 능선 따라 송계리와 탄지리
서쪽엔 대미산 어깨 너머 중산리가 마주하고
남쪽으론 하녀골 지나 고운리와 손을 잡고
북쪽엔 암수바위가 마을을 지킨다

사방을 홍시 무스의 달콤함처럼 감싸 안은
이 마을은
오래된 담벼락 모퉁이까지 따스하다

시간의 주름 속에 살아온 사람들의
이야기가 지층을 닮아 쌓여 있는
나의 어머니다

공이동 2

머리 위에서 해가 뜨고
머리 위에서 해가 지는 마을

밤이 길어 어둠이 더 짙은
마을에는 밤마다 산에서
짐승 울음소리 들려오고

어린 마음은 이불을
꽁꽁 껴안고
무서움을 밀어 낸다

날이 밝으면
골짜기 풀밭 자락마다
아이들이 길 따라 움튼다

봄볕 들면
허리춤에 망태기 달고
앞산 뒷산 뛰어다니고

여름빛 내리면
보 막아 놓은 곳 찾아다니며
물놀이에 웃음이 튄다

감나무 등불 아래
온 동네가 붉게 물들 때면
골목마다 익어 터진 홍시 번지고

겨울 햇살 밝으면
눈부신 눈 위에 뒹굴며
행복을 굴린다

공이동 3

내 첫 울음소리 스며있는 땅
초가집 대신 컨테이너 하나
그 앞에 서니 깊이 묻어둔 조각들이
환하게 번져온다

차가운 하얀 세상
이불 속에서 느끼던 어머니의 따스한 숨결
출산의 고통마저 감싸 안은
한 그릇의 미역국

어머니, 당신은 어떤 말로 나를 불렀을까
섣달 찬바람에 기대어 속삭이던 손길
다정히 안아주던 그 눈빛은
오늘의 나를 만들어 내시고

여기 손주들의 재잘거림은
당신이 뿌리내린 생명의 씨앗들
내 가슴 속에 자라고 다시 사랑으로
자라날 것입니다

눈밭 위에 남은 온기
어머니의 사랑은
내 안에 깊이 머물러
따뜻한 기억으로 살아갑니다

기억의 탄생

한여름 초록의 들판에
비가 쫑알쫑알 걸어 올 때
얼룩무늬 제복을 입은 한 남자가
무채색의 비옷을 입고 오네

대문 밖에서 들려오는
남자의 군화 소리는
딩동딩동 사람을 부르는 것 같고
마중 않는다고 투정 부리는 것도 같고

반짝이는 눈망울의 계집아이는
마루 끝에 서서
익숙하지 않은 남자와 마주한다

장맛비 흠뻑 맞고
산길 풀섶에 스쳐
바짓가랑이는 더 홀쭉해진 남자

댓돌 위로 군화 신은 두 발
성큼 다가와
꽃잎 같은 아이를 얼싸안고
건빵 한 봉지 건네주는 남자

내가 처음 만난
미소가 피어나는 키 큰 남자는
얼룩무늬 제복을 입고
비옷을 입고

기도

4월 9일

성모님 앞에서
두 손 모아 하늘로 올리니
네가 우리에게 왔구나

1년 후, 4월 9일

그날의
하늘을 올려다봅니다
감사하며
다시 두 손을 모읍니다

숨바꼭질

맑은 하늘 위
하얀 구름이 산 모양을
짓는다

그 틈에서
둥글고 환한 달이 솟았다가
쏘옥 숨는다

"어디 갔지 어디 갔지"
눈이 찾아 헤매는데
옆에서
살짝 웃으며 다시 나타난 달

예쁘다, 예쁘다
그 말에 달빛 번져
온 하늘이
하얀 구름으로 물든다

말을 배우는 중이에요

나는 세상에서 제일 귀여운 앵무새

마포공원 중앙 작은 방에서
조잘조잘 사랑을 흉내 내며
말끝마다 하트를 날려요

엄마 아빠는 말하죠
"애기는 몰라, 무슨 말을 하는지"
나는 조용히 들어요
눈을 깜박이며,
한 마디도 놓치지 않고
모른 척 하며,
꼬마 자동차만 만져요
그러나 마음은 알아들어요

엄마 아빠는 말하죠
"이런 말은 애기 앞에서 하지 말자"

그 말이 내 귀에
살며시 들어와 쏘옥 박히면
작고 동그란 귀는 활짝 열려요
나는 비밀을 꼭꼭 접어
깃털 속에 숨겨
익히고 있어요

엄마 아빠는 말하죠
"애기는 아직 영어 모르니까"
따라 외웁니다
"애기는 아직 영어 모르니까"
꾹 참다 나는 웃어요
"괜찮아요"
"사랑해요"
"엄마 아빠"

사랑이라는 이름으로

어머니는 딸을 사랑했습니다

학교 가는 딸 앞에
정성스럽게 아침상을 차려 놓았습니다

꿈결 같은 햇살이 일렁이는 아침
딸은 밥상 앞에 앉아
밥 먹기 싫다며 보고만 있습니다
어머니는 딸의
눈동자를 물끄러미 들여다 보며

"먹어!
 먹어!
어서 먹어라
안 먹을 거니
조금이라도 먹어봐"

원망을 저장한 얼굴이
어머니를 바라봅니다

어머니는 속상했습니다.
딸의 화난 마음을 풀어줄 줄 모르고

여문 죄를 가슴에 얹은 어머니는
한없이 시선을 떨어뜨립니다

물안개 피어날 때

12월,
차가운 공기가
골목을 삼키듯 내려앉는다

너는 졸음 부비며
자줏빛 책가방에 등을 달고
뒤돌아봄 없이
달려가는 걸음걸음

골목길이 너를 삼킬 때
나는 창틀에 기댄 채
사라지는 뒷모습을 눈으로 끌어안으며
젖은 공기보다 더 아린 마음 쏟아낸다

지금은 겨울 안개 속에서
어렴풋이 보이는
형태도 갖추지 못한 너지만
밀려오는 시간 저편에서 너의 미래를 본다

어디쯤인가
배움의 장 그 터널 안에서
여린 빛이 피워내는 눈부신 침묵의 향기는
너무도 달다

훗날,
네가 머무는 자리마다
영광의 햇살 비추리라
비치리라

세 그루의 나무

정원에 나무를 심습니다
나를 오래 기억해줄
작은 나무를 심습니다

첫 번째 나무엔
'크리스티나 믿음'이라는
이름을 달고
뿌리에 물을 줍니다

두 번째 나무엔
'율리안나 희망'이라는
이름을 달고
햇살 한 줌 나눕니다

세 번째 나무엔
'가브리엘라 사랑'이라는
이름을 달고
속삭임이 머물길 기다립니다

믿음과 희망과 사랑
그 이름을 부르며
내 마음도 자라납니다

언젠가
이 정원이 숲이 되면
나는 조용히 웃을 겁니다

국제평화기구

큰딸은 베트남,
둘째 딸은 미국,
막내딸은 서울 어딘가에 살고
나는 지방 작은 도시에 산다

어디선가 말다툼 터지면
먼저 울리는 건
내 전화기

"엄마, 언니가 또…"
"엄마, 얘는 왜 이래요"
"엄마, 제 말 좀 들어 보세요"

나는 조용히 듣는다
두 나라 사이의
외교문서처럼
신중하게 단어를 고르고

때로는 평화협정처럼 상대방의
체면을 살펴가며 말한다

지원이 필요해
기금을 조금 썼다
"엄마, 얘가 500원 안줘요"말한다
"알았다, 500원 정도는…"
"저기요 엄마, 1달러가 부족해요"
"알았다 1달러면 해결 되는 거니?"

처리하고 나면
진짜 평화는
지원금이 한몫하니 자연히
정리가 되고 분쟁이 종결 되어
각자 하던 일을 계속한다
다시 호출될 때까지

누군가 말한다
"어떻게 세 나라를 감당해요?"
나는 웃는다

사무실도 없고 회의록도 없지만
세 딸의 안녕이
내 하루의 보고서이니까

사랑을 보내고

꺼져가는 촛불의 두려움을
어찌 알 수 있을까

올리브나무의 햇순처럼 다가온 너는
씩씩하게 뛰어 놀았지
환한 웃음 선물은
기쁨을 주고 떠나는 구나
내 사랑, 발자국은 어디에 남겨놓고

잘 가거라
방안을 떠돌던 공기들아
고요를 대신하던 눈물들아
너는 아무것도 모르느냐
함께했던 날들을

잘 가거라
더 이상 같이 있을 수 없는 날이 되어
두 손에 너를 올려놓고 눈물로 이별하는 구나
생명의 물방울은 흙 속으로 스며들어
빈 밭에서 세상을 엿듣겠구나

항아리

그는
흙이 스스로 빚은
그릇이었습니다

밤이면 바다 위에 뜬
오징어잡이 배의 불빛
바라보며 우리는
마주 앉았습니다

내가 속상한 말을
퍼붓던 날에도 당신은
한 번도 넘치지 않았고
그저 말없이
받아 담았습니다

때로는
소금 같은 말을 쏟아붓고
송곳 같은 말로 가슴을 찔러도

깊은 바다처럼
조용한 사람이었습니다

나의 가시돋친 말들은
당신 속에서 조금씩 발효되어
깊은 맛이
되어갔습니다

그곳에, 나를 발아시킨
기다림이란 씨앗이
있었으므로
함께 흙으로 돌아가렵니다

그는
넘치지 않으려고
입을 열지 않았고
깨지지 않으려고
부딪치지 않으면서
침묵을 길렀습니다

초상화

"엄마, 친구들이
엄마 이국적으로 생겼대요"

그 말 한마디에
거울 속 내 얼굴에
물결 하나 번진다

나는 어디서 왔을까
누구의 그림자가
내 안에 스며있는 걸까

눈은 바람을 닮고
코는 산 능선을 닮았으며
입매는 무너진 담벼락 같은 얼굴

수없이 스쳐간
만남의 시선들을 지나
나는 나로, 이렇게 완성되었구나

국산 호랑이란 별명으로
딸아이의 눈빛 속에서 태어난
사진 속 내 얼굴은
이국의 비로 씻긴 듯했다

"엄마, 나 엄마 닮았어요"
그 말을 들은 날
나를 다시 그려본다

조금 더 따뜻하게
조금 더 부드럽게
조금 더 나답게

축, 12월

맑은 첫 달이 아니고
한가운데도 아닌 곳에서
돌아보니 통통한 가장자리에
붉은 햇살처럼 번져오는
마지막 달력의 하모니

한 해가 지나간다
허전함보다
지나온 발자국마다
가득 담긴 다채로운 색깔의
시간들이 따스하다

마지막 장이 사라진다고
아쉬움보다는
나를 향해 속삭이듯 주어졌던 작은 일상들
하나하나 감사로 번지는 마음이
더욱 깊어지는 날

창밖에는 기다림에 설렘을 얹듯
눈송이, 유리창에 닿았다 미끄러진다
뿌듯하게 차분해진 마음 위로
밖으로 나가고 싶은 엉킨 바람 하나
그리스 신화 속을 지나간다

12신은 신들의 왕 제우스, 하늘의 여왕 헤라,
포세이돈과 데메테르, 아테나, 아폴론,
아르테미스, 아레스, 아프로디테, 헤르메스,
그리고 헤파이스토스와 디오니소스가 있다

신들의 놀이터가 있는 올림포스산
그 산마루에 걸린 구름 때문에
신들은 만나지 못했지만 출렁이는 마음은
20,000㎞를 달려
축복처럼 내려앉는다

1장 2막

제3부

사소한 날들의 무늬

눈이 내리는데

모하비 햇살 속을 걷다가
고창 미당시문학관을 찾았다
전시관에 있는
육필 원고와 빛바랜 흑백사진
고이 접힌 애장품들을 둘러보고

미당 생각에
우물가에 잠시 발을
멈추었으나
생각이 뭉쳐지질 않아
선운사로 향했다

동백꽃이 생각나서다

'선운사 동백꽃을 보러 갔더니
동백꽃은 아직 일러 피지 않았고…'

미당의 시를 떠올리며 다시
길을 걷는다
선운산 숲길에서 장사송을 만나
앞서거니 뒤서거니
걸으며
도솔암까지 왔다
마애불상 앞

해가 천마봉 돌산 너머로
스며들 때
물기 어린 눈으로
어둠이 다가오는 것을 보며
나는 말한다
'지금이 내 시간'이라고

계곡에서 번져오는
물소리에

몸을 기대고 싶어지는 순간
고양이처럼 울고 싶은 마음은
어디에도 들리지 않아

나는 두 눈에 맺힌
소리를
가슴으로 받아 적었다

기억의 잎을 만지며

세 시
    언덕
햇살은
    늦게
    도착했다

기억은
굽은 터널에서
잎 하나
    밀어 올렸다

너는
오지 않았고
나는
    흔들린다

    그래도 웃었다

마음속의 연못

비가 온다, 비가 오는 날은
가슴속에 연못을 만든다

하늘을 닦아 내리는 빗방울
한 방울도 버리지 않는다

내리던 이슬비는
끝내, 내 얼굴과 머리카락을 타고
장대비가 되어 흘러내린다
흑백으로 태어나는 눈물도 함께 모아
연못을 만든다

물방개와 참붕어 버들붕어 깨우고
개구리밥과 세모고랭이를 깨워
더 하얀 싱그러움이 반겨주는 아침

햇빛을 만나 태어난 뿌연 햇살은
얼굴을 깨끗하게 씻고 나면
정신까지 맑아진다

내가 만든 연못에 사는 사랑도
몸을 깨끗이 닦으면
영혼이 맑아질까

나는 대답을 했다
빗방울을 가슴에 맞은
연못은 살아난다고

돌아서 가기

바닷가 비탈에
절 한 채 매달려있다

어둠이 번진 쪽문 틈새로
아직도 남아있는 인연들
망설임처럼
한쪽 어깨만 걸쳐진 채

불상 앞에 엎드렸던
그날
회색가사 속에 감추어진
목소리, 나는 듣지 못했다

폭우에 젖은
법당 처마 밑
내 안의 울림 하나
물방울처럼 뚝, 떨어진다

부지깽이 뒤적이며
아궁이 앞에서 젊음을 태울 때
하늘 끝을 찌르는 불기둥도
끝내 나를 부르지 않았다

무섭도록 긴 침묵의 끝
달빛에 기댄 채
흰 목 깃을 다시 세우고
성가처럼 낮은 숨을 삼킨다

산허리 넘어
새벽종이 울릴 때
나는,
불보다 뜨거운 불 밖으로
걸어 나왔다

그대의 날은 온다

사냥개에게 물렸다
선한 손에 팔찌가 채워지고
진실은 조롱처럼 웃는다

그는 법을 지키는 학자였기에
최후의 약속을 믿었다
무장한 말들이 집안을 덮친다

문명의 전쟁에서 완전히
전사한 건 아니고 장수는
잠시 휴양 갔을 뿐

창살 너머로
계절은 건너도
그는 책을 덮지 않았다

벽만 바라보면서
역사의 흐름을 되짚어보며
조바심을 내지 않는다

상처는 아직 아물지 않았고
검은 피멍이 가슴 깊이 번져 있지만
그 속엔 새살이 자라고 있다

그토록 아파하며
그가 터뜨린 울부짖음에
우리는 숨을 쉬고, 몸은 노래한다

함성

땀과 눈물이 범벅되어
목이 터지라 외치는 구릿빛 얼굴
복명복창, 함성의
함성

고향집의
일곱 누이를 그린다
부모님 곁에 여자친구 얼굴도
그린다

연분홍 추억들과
연병장 입구의
아름드리 살구나무에 기억을 건다
순간 가지마다 참았던
분홍빛 꽃술이 터진다
함성이다
가족의 합창이 함성으로 쏟아진다

유월의 연병장을 가득 메운
젊은 꽃들의 함성으로
살구가 노오랗게 물든다

타오르는 젊은 태양에
잘 익은 살구가
푸르른 지휘관의 구령으로
후두둑 후두둑 떨어진다

밤마다 뒤척이며 묶어두었던 생각들이
광주리에 넘친다
싱그러운 푸른 제복을 입은
장병들의 얼굴을 닮았다

2006년 〈문학예술〉 시 부문 신인상 등단 작품

삶

살아 있다는 건

작은 꽃잎 하나,
죽기 위해
죽음을 향해
아름답게
피어가는 일

오늘의 전국 날씨

의사의 얼굴이 굳어진다
"보호자 오셨습니까"
"심각 합니다"
"종양을 빨리 수술을 해야 합니다"
머릿속에 단단하고 커다란
혹이 박혀 있다는 진단을 받았다

순간 내 눈동자가 흔들리고
삶이 퍼즐 조각처럼 모여와 나를 들여다본다
다른 병원에 한 번 더 가보기로 하고
신경외과는 세브란스병원 오형철 박사가
유명하다고 해 찾아갔다 역시 같은
병명이 나왔다

이제 종합병원 가는 걸 접고
시 치료 전문가를 만나보고 싶어
수소문 끝에 뽈랑공원 옆 함기석 원장을 찾아갔다
워즈워드대학 학위를 받은 명성만큼 붐볐다

진료를 기다리고 있는데
이수진 환자가 자기 얼굴을 닮은 시를 꺼내 보이고
김정호 환자는 자기 말씨를 닮은 시를
윤미경 환자는 자기 발걸음을 닮은 시를
정현숙 환자는 자기 마음씨를 닮은 시를 뽑아내고
내 종양은 무엇을 닮았는지
누가 말 좀 해주세요

아 ~
내 머릿속에서 살고 있는
굳은 알갱이는 녹을 생각을 하지 않아요
정말 칼을 대야 하나 봐요
유서도 못 쓰고 있는데

병원놀이

새벽 2시
7100번 버스에서 내려
병원 계단을 기어올라
응급실 침대에 하얗게 눕혀졌다

몸보다 먼저
머리에 통증이 전해졌고
옆자리엔 응급처치를 기다리는
무표정한 사내가 누워있다

수술이 시작되었다
의사의 손끝이
몸속 문장들을 사정없이
잘라냈다

출혈이 심한 낱말
수혈받으며 입에서 새어나오는 말들
눈가에 맺힌 진통을
간호사가 거즈로 닦았다

남겨진 핸드폰 화면엔
읽지 않은 메시지 몇 개 남아 있고
새벽부터 병실 창밖
봄비가 나를 두드린다

첫눈 오는 날

눈이
눈을 맞으며
세상 끝을 누르고 있어
포근해 지는지도 몰라

음성 장터로 발길을 옮겨
호떡집 앞에 섰다
종이컵에 담긴 호떡 위로
눈 시즈닝이 뿌려진다

잊고 살았던 눈이
내리는 것은
잊고 살았던 그 사람에게
걸어가라는 신호인가

호숫가
창이 넓은 찻집에서
커피를 마신다
온종일 창가에 앉아
내 열일곱 살에 눈 맞추며
오늘의
나를 마음 끝에서 안는다

언젠가는

마음의 덤불 위로 떠오르는
말하지 못한 말들이
차오릅니다

그날 기찻길 따라 걷던
우리의 발자국은
지금도 같은 방향을 향하고 있네요

지나간 시간들이
조용히 등을 밀어주는
어느 날

그 끝에서
당신을 다시 만날 것
같아요

한 페이지

오래된 상자에서
기억 하나 꺼낸다

한 장 한 장
접힌 빛바랜 사이로 튀어나온
불법 광고지

58번째 장이
엄지와 검지가 닫자
잊은 줄 알았던 비릿한 갯벌 내음이
새어나온다

투명한 시간
껍데기 가득 넣은 기록들이
겨울밤 틈새로 다가와

그 안에서 여자는 운명을 입고
외면할 수 없어 들어야 했던
수돗물 흐르는 소리

이별의 신호였을까
자란 옹이는
울고,
울음 너머로
장 하나를 넘기자
무진장 쏟아지는 햇살이
툭 치며 환하게 웃는다

당돌하게 용감하고

황지우의 〈인간적인, 너무나 인간적인 김형사에게〉를 읽고 있을 때, 한 청년이 조용히 내 안으로 들어왔다

이제 청년과 나는 스스럼없이 이야기를 나누는 사이가 되었다 결혼하겠다는 말만 꺼내지 않으면 가족들도 더 이상 놀라거나 언짢아하지 않고 웃으며 청년을 받아들였다 집에 올 때면 옷가지 몇 점 들어 있는 배낭을 메고 한 손엔 초코쿠키가 어김없이 들려 있다 내가 좋아하는 맛이었다 깍듯이 인사한다 잘 보이려는 거겠지 밤늦게까지 다과상을 사이에 두고 이야기를 한다 연기일까 청년이 묻는다 어떻게 하루를 보내느냐고 나는 대답한다 일주일에 한 번은 글쓰기 공부하러 다닌다고 듣고 있던 청년은 묻지도 않은 자기 얘기를 한다 바닷가에서 태어나 유아기를 보내면서 스쿠버다이빙을 잘 하는 사람이 되겠다는 꿈을 키웠고 초등학교 때는 포항에서 강철 같은 어른을 꿈꿔 왔으며 분당에서 중고등학교를 마치고 지금까지 살고 있다고 사진 찍기와 테니스를 좋아하며 한 살 많은 형과 자주 싸워 부모님께 야단맞을까봐

도망 다녀 지금은 달리기도 무장무장 잘 한다며 웃던 표정을 나는 아직도 잊지 못한다 청년이 돌아간 뒤 곰곰이 생각해 보니 건강하고 삶에 성실한 사람이란 생각이 들었다 이제야 깨닫는다 청년이 내 딸을 좋아했던 마음은 처음부터 진심이었다

동창회

공이동 홍승관네 집에서
초등학교 동창회를 했다
나는 처음 참석했다
열넷, 손에 추억을 들고 모여든 친구들
김진수 박철규 이희옥……

이름을 말해도 끝내
껍질 속 유년의 모습은 읽을 수 없어
멀뚱히 바라보는 눈빛들 서로 헤맨다

운동장에서 고무줄놀이하던 동무들
까르르르 웃던
첫 3월은 매화 향기처럼 순식간에 지나가고

늦은 밤
부딪히는 술잔에
넘치는 웃음소리

앞집에 살던 승환이 꼬부랑 혀끝으로
"일규야! 일규야!" 부르고는
눈웃음 한 줌, 주머니 속에 숨긴다

책상 밑으로 눈깔사탕을 건네주려던 소년
끝내 말 한마디 못 해보고 헤어진 박응서
먹고사는 일에 바빠 못 왔단다
반백년 비어 있던 손 만지작만지작 하다가
그날 회비 오만 원 내고
1시간 만에 나와야 했다

눈 내리는 날

행복한 마을

1
부활의 기쁨을 품고
예수님 오신다는 소식 전하러
집을 나섰다

목련은 환하게 웃고 있어도
가난한 사람들이 사는 동네 골목엔
수명을 다한 가로등 하나 조용히 깜빡인다

방 한 칸, 찾아오는 사람 없는 날들을
정부 보조금으로 연명하는 할머니
후처의 자리로 흘러 들어가 살다 남편 떠나자
전처 자식들 발길 끊었다고 하소연 쌓인다

아픈 무릎 수술하면 좋아질 줄 알고
몇 년 전 수술받은 부위 회복은 더디고
아들 넷에 딸 둘 있어도
자주 찾아주지 않는다고 두 눈에 눈물 그렁그렁

누군가와 만나기만 하면 자식 자랑뿐인 욕심 많은 할머니
여기저기 물건 파는 데는 빠짐없이 다니면서
공짜로 주는 싸구려 화장지 받아 품에 안고
차 가져오라고 아들 부른다

황혼 이혼하고 딸집에 손주 봐주러 다니다
딸과 싸우고 나와 병원에서
허드렛일하다 삐끗한 허리 엉거주춤
한의원 침 맞으러 다닌다

젊어서 며느리에게 매운 시집살이 시킨
시어머니 늙고 병들어
며느리 고함소리 뒤로하고
손자 부축에 기대어 화장실로 향한다

아들 잡아먹은 며느리 쫓아내고
핏덩어리 손자 데려다 키워 장가보내니

치매가 찾아와 유모차에 엎혀
봄볕 속에서 잊힌 시간 기다리는 할머니

병을 너무 많이 갖고 있어
밥도 못 챙겨 먹던 5층 할머니
지난겨울 눈 속에 영감님 저세상 보내고
어지럼증이 찾아와 거실에서 쓰러져
척추뼈 부러져도
자식들한테 말하면 짐이 된다고
아프다고도 못하고 고통이 입속 가득 차오른다

하느님 안에서 잘 키운 아들 결혼 시켜놨더니
며느리와 이혼하고 올망졸망한
자식 둘이나 던져 놔, 혼자서
그것들 키우느라 혼이 나간 할머니

마흔다섯에 빚만 남겨 놓고 떠난 남편 빚 갚으랴
5남매 먹이고 입히고 공부시키느냐

세상 험한 일, 거친 일, 안 해 본 일 없이
무릎 삭는 줄 모르고 살아온 70평생
가시나무 넝쿨 속을 지나오느라
마음은 상처투성이지만
묵주알처럼 되어버린 손 마디마디에서
장미꽃 향기 피어난다

2
노부부, 어느 날 할머니 요양원 보내고
김치찌개 만든다고 푸줏간에 들려
돼지고기 찾는 할아버지

뇌졸중으로 쓰러진 할머니 수발들던 할아버지는
말없이 집을 나가
심장 시술받고 병원 병실에 누워 있고

박사 아들에 딸은 대학교수
손자는 미국 명문대학 다닌다고 자랑하는 할아버지
마나님 일찍 먼 길로 보내고
저녁이면 라면 끓는 냄새 집 안 가득 무겁다

3
가족은 이단의 굴레를 씌우고
혼자만 잘난 척하며
천주교에 보물이 많다 하는 남자

남자 혼자 벌어서는 살 수 없다며
여자는 식당 주방에서 설거지로 번 돈을 쥐고
남자는 다른 여자와 밥 먹으러 나간다

4
성씨가 다른 두 딸과 살고 있는 여자

목장을 하다 화재로 남편 잃고 가산 잃은

여자 우울증에 시달리다
먹고살기 위해 찾은 일이 병원 간병인
이달 초, 허리디스크 수술받고

결혼 5년 만에 남편 하늘나라로 보내고
무당 시어머니 시집살이 속에서
'내 팔자다' 하고 사는 과부
아들 하나 키우며 위로 받는다

20여 평 아파트, 아들 부부와 삼대가 살면서
무슨 일을 하는지 알 수 없는 여자
새벽을 안고 나가면 밤 10시는 되어야
겨우 집으로 돌아온다

평생 식당일만 하다 척추 다 내려앉아
엉금엉금 기어 다니던 여자
시집간 딸 김치 먹고 싶다는 말
뿌리치지 못하고 장보러 나선다

6층 사는 젊은 여자 학교 식당에서 일하다
유방암이 찾아와 작년에 서울 가서 수술받고
치료받으러 다니던 중
갑자기 남편 실직해서 집에 있고

아침에 출근하다
횡단보도에서의 사고로 이십 년 가까이 누워
눈만 뜨고 있는 남편 바라보고 사는
아들만 둘인 여자

젊음이 영원할 줄 알고
무지하게 일만 알던 남편 목 디스크 수술받고
살림에 조금이나마 보탬이 될까 해
마트에서 이십 년 넘게 일하고 나니
어깨 인대 다 녹아 내려 인공 인대 박은 몸으로
이혼한 딸이 데리고 온 외손자 보랴

고등학교 1학년인 아들 백일 때
남편이 교통사고를 당해
지금까지 일어나지 못하는데
그 옆에서 대소변 받아내며 수발드는
장애가 있는 여자

결혼생활 사십 년이 넘도록 가난한 여자는
중풍으로 쓰러진 남편 작년에 요양원에 맡기고
그래도 살아야겠다고
영혼의 상처 아무는
성당으로 발길 옮긴다

어느 날, 해 뜨기 전 나간 남편
병원 응급실에서 시설로 들어가고
성당 다니며 기도만 하던 여자는
눈물을 한 줌 목에 걸고 돈 벌러 나선다

2년 전 위암 선고받고 청정지역 찾아다니다
그래도 정이 곱게 고여 있는 집이 좋은지
지난달에 돌아와
신혼 때 이부자리 펴놓고 이른 저녁
남편과 마주보고 누워 손에 손을 맞잡고
성가 들으며 헤어지는 연습 중이다

"고생하며 무거운 짐을 지고 허덕이는 사람은
다 나에게로 오너라.
내가 편히 쉬게 하리라." (마태11,28)

"행복하여라, 가난한 사람들!
하느님의 나라가 너희 것이다." (루카6,20)

제4부

여기, 내가 있다

내 영혼, 산을 오르다

돌산을 올랐습니다
풀 한 포기 허락받지 못한 땅
시나이 하늘은 뚫려 있고
나는 세상을 내려다봅니다

탈출하는 사람들의 눈동자처럼
말라붙은 바위들이 꿈틀대고
늘어지는 낙타의 걸음은
뒤에서 희미해집니다

모세가 하느님께 받은 말씀을
그 돌 위에,
지금은 작은 경당이 앉아 있고
나는 초승달처럼 비워둔 그릇

석양빛에 물든 하루의 끝
언덕 위에서
성경을 읽고 있는 남자의
눈빛을 마주합니다

오래 타다 남은 죄의 씨앗이
다시 붉게 타올라
돌처럼 굳었던 나를 고요로 씻어내니
시나이산의 침묵만이 나를 휘감습니다

기도하지 않아도
이미 기도가 된 저녁
이제 가라 하신 그분의 음성
나만의 십계명입니다

바람 속에 앉다

나는 스핑크스를 꺼내
시선을 눌러 본다

메그드락 돌벽에 새겨진
신들의 기도를 따라

지금은
모래바람 속으로 사라진
제국의 알맹이들

수천 년 전 수집한 표정의
서러운 시간 끝에서
돌의 무게를 잊고
별을 따라 올라갔을 텐데

스네프루, 쿠푸, 카프레,
낯선 왕들의 공기 이토록
또렷하게
나의 눈앞에 남는 것은
그들이 영원을 남긴 건 아니었다

그저, 돌 하나에 새겨진
땀과 바람의 무게
그 속에 나를 앉게 하고

조용히, 한 장의 사진 남긴다
영원을 바라보는 찰나적인
나 자신을

왕조의 사원

앙코르와트
라테라이트 벽돌 위에서
태양은 천년을 살고

수리야바르만의 손끝에서
비슈누의 신전으로 솟아난 첨탑은
한때 불법佛法의 바다로 덮였다

석벽엔 웃음이 있었고
여신들의 몸짓과
그 곡선 하나하나의 완벽이
시선을 붙잡는다

프랑스의 그림자 아래
크메르인들의 지식과 기술이 숨을 죽였고
침략의 총성이
춤추던 압사라의 옷자락을 찢었다

내란과 모든 잿빛을 지나
지금,
앙코르는 역사의 맥박 위에
묵직한 돌의 언어로 앉아 있다

흑장미

그날,
햄버거집 창가에 앉은
그녀를 보았다
검은 장미 같았다
한 송이,
도도하고 선명하게 피어 있는

말없이 햄버거를 들고 있는
그녀는
광고 속 모델처럼 앉아 있었고
웃지 않아도
꽃은 내 눈앞에서
그 자체로 충분해 보였다

나는 바로 옆 테이블에 앉아
치즈버거를 먹고 있었지만
시선은 자꾸 그녀에게 닿았다
고요한 품격을 말에 담고

눈빛은
향수를 뿌린 것도 아닌데

여전히 내 기억 한복판에
우아하게 피어 있다
한순간도 눈을 뗄 수 없는
얼굴 위로 흐르는 묘한 자존감
낯선 도시의 햇살에
반짝이는 귀걸이

서툰 말 한마디 건네지 못하고
그저 바라만 보다
다시는 돌아갈 수 없지만
그 순간은 시들지 않고
그녀는 내 하루를
그리고 서른 해를 물들였다

기억 속, 그 창가
자리엔
내 마음을 물들인 꽃
향기 대신 기억으로 남은
한 번도 울어본 적 없는
사람처럼 빛난다

이방인

여자는 아이와 오차드파크에 와서 놀더라
여자는 어둠이 시작될 때까지
고국의 내일을 넋 놓고 바라보다
잔디밭 속에 자전거 발자국 낳고 가더라
포도밭이 애타는 저녁

5번 국도에서 405번 국도, 다시 해안선으로
작은 걸음의 해는 몸을 숨기고
1995년 봄이나 1997년 가을이나
그 이전에도
세계화에 떠밀려와 놀다 가더라

노랑지붕집

올리브 동산에 올라 언덕을
내려다보니
계곡 건너 나무 사이로 예루살렘
성전이 아련히 보인다

아브라함이 외아들 이사악을
하느님께 번제물로 바치려 했던
믿음의 제단, 모리야 땅

아라우나의 타작마당이었던
그 자리를 다윗이 사들이고
훗날 아들 솔로몬이 하느님을 위하여
첫 성전을 세운 곳

산비둘기 한 쌍을 제물로
바치고
아기예수를 하느님께 봉헌한 곳

율법학자들과 토론하던
열두 살 소년 예수가
"내 아버지의 집"이라고 한 곳

"나의 집은 기도하는 집"이니
장사하는 집으로 만들지 말라며 질책하던
청년 예수의 음성이 서려 있는 곳

그 집이 저기 있다

하늘길

그 누구도
발자국 남길 수 없는
저 고요한 구름나라 너머

신들의 왕 제우스조차
손 댈 수 없어
지음을 거부했네

아무도
발자국 남길 수 없으니
하늘엔 길이 없구나

길이 없으니
길을 잃지 않아도 되어
비행기 안에서 잠이 들었나 보다

가는 길에 대한 설레임
오는 길에 대한 후회
머묾의 미련이 놓아주지 않는 길

은하수 터 없어
걸어도 발자국 남지 않으니
오가는 길을 어찌 알아보나

옐로우스톤의 새벽

새벽길
물안개가 가만히 도로를 덮고
달리던 자동차, 엔진소리 마저 누르니
세상은 숨을 멈춘 듯 했다

하룻밤 사이에 모인 이슬
간헐천에서 피어난 수증기와
어우러져
내 이름을 부르고 있었다

고요한 정적 속에 눈물이 흐른다

말없이 기다리다 마침내 말을 건네는
사슴 한 마리, 무릎을 꺾어 접은 채
풀숲에서 고개만 내밀고
나를 바라보고 있었다

그 눈빛은
분명히 나를 알아보는 듯
내 안 어딘가에 오래 눌러두었던
무언가를 흔들었다

환상이었을까
그 고요한 시선은
건널 수 없는 새벽의 강
촉촉이 젖어드는 따뜻함이었고

나는
또 한 번 말없이 울었다

물에서 태어나다

물에서 심장이 뛴다
물은 떨어지고
나는 태어난다

사랑인가, 절규인가
낙하하는 것은 무너지는 끝이 아니라
심장의 첫 박동
나이아가라의 심장소리가
세상에 울린다

CN타워 꼭대기에서 내려다 본
도시의 바닥은
빛과 그림자가 함께 잠기는 호수
화려하지만
그 밑엔 언제나 젖은 심장이 있다

수면 아래
전하지 못한 마음 하나 떠 있다
호수가 삼킨 천개의 유전자
천 번째 섬에서
나는 아무것도 묻지 않았다

세인트로렌스 강변을 따라
의사당 벽에 핀
한 나라의 심장도 물에서 태어나고
국회의사당 보다 더 정직 하다고
흐르는 물이 말한다

밤은 젖어 있었고
음악은 흘렀다
영어와 프랑스어가 키스를 하고
침묵 사이에서
나는 폭포의 메아리를 듣는다

프레스코 벽화 사이로
느리게 흐르는 심장은
물에서 태어나
고요 속에서도 뛴다
폭포는 계속 낙하한다

피에로티 언덕

여인의 눈동자에 이스탄불의
저녁이 들어있다

그녀는 누군가의 아내였고
나는 먼 바다에서 밀려온 파도

남몰래 걷던 공동묘지
금기된 그날의 입맞춤

나는 돌아왔고
그녀는 떠났다
영영 돌아오지 않았다

가족의 칼 아래
신의 이름 아래
사랑은 무덤이 되었다

무덤 곁에 앉아
튀르키예 커피로 가슴 속을 식히며
사랑이란, 정말 죄였나

나는 언덕 위 찻집에 앉아
수십 년을 시로 살아낸다

돌아올 수 없는 길
지금도 그 여인을 부른다

입 밖에 내지 못한 그 이름
"아지야데"

퍼레이드

"왔구나"
땅이 속삭인다

뒤뚱 뒤뚱, 짧은 다리
괜찮아 넘어져도

넘실거리는 검은 등과
동그랗고 반질거리는 통통한 몸

해가 기울면
바다는 출입국 심사대

아, 저 흙냄새
파도 끝에서 발을 씻는다

누가 가르쳐 주지 않았지만
태어날 때부터 안다

하얀 넝쿨로의 행진
저기, 저 언덕 위에가 집이다

바다에서 땅으로
또 내일이면 땅에서 바다로

살아가는 것은
떠났다 돌아오는 것

조슈아트리

나는 뿌리째 일어났다
돌 틈을 밀치고 바람을 안은 채
끝없이 길 위에 섰다

여호수아
누구도 나를 부르지 않았고
누구도 나의 길을 함께 걷지 않았다

낮에는 불이 내렸고
밤이면 별들이 떨어졌다
살갗은 갈라지고 몸통은 비틀렸다

그러나 나는 멈추지 않았다
한 발 한 발
하늘을 향해 내 팔을 내밀었다

조용히, 끝까지
무너지지 않는 것을 배웠다
그늘을 내어주는 법도 알게 되었다

나는 안다
이 광야에도 누군가 온다는 것
내 자리를 기억할 것이라는 것을

오늘도 걷는다
뿌리로 걷고 가지로 기억하는
나는 끝까지 걷는 나무

그랜드캐년

저기
구름을 밀어낸 새벽빛
붉게 드러나는
20억 년 지층의 속살

깎기고, 부서지고
빛에 씻긴 흔적들이
사진에 다 담기지 않는
웅장한 침묵으로 서 있다

심장이 터질 듯 뛴다
빛과 춤추는 겹물결
시간을 되감는 사진첩처럼
바람과 물이 써내려간 지구의 역사

숨죽여 바라보다
말을 잃는다
신이 빚어 놓은
설명이 불가능한 크기 앞에서

나는 지금
먼지처럼 가벼워진다
거대한 계곡
그 절벽 끝에서

리오그란데강

황무지를 가르며 흐르는
진흙물 강가에 서서
40°를 넘나드는 날들이 갈라놓은
강바닥을 바라본다

울퉁불퉁한 화산석
협곡을 타고
내려오는 총성소리

말발굽 모양으로 느리게 흐르던
강물 놀라
검붉은 색으로 변한다

사선을 넘은 작은 점
소년은
사막을 닮은 새가 되어
가늘게 운다

죽음의 계곡

여름의 볕이 들기 전
고기떼 한가로이 놀던
맑은 물속 아래
천지의 울림이 깃들어
소금밭 하나, 말없이 누워있다

모래와 바람이 쌓은 대지
영롱한 보석들 노을처럼 타오르고
시리도록 푸른 연못 가운데
욕망으로 부푼 검붉은 눈망울들
사금 캐러 벌처럼 모여드는 무리

한여름 모래 숲을 헤치며
어둠을 가를 듯 솟아나는 햇살
모래를 춤추게 하는 바람
흩날리는 물비늘 위로 사계절 햇살은
불씨처럼 스며든다

꿈의 틈바구니에서 불러낸 개척자들
흘린 눈물 쌓여 이룬 언덕
시시각각 변하는 모래의 무늬
홍수가 남긴 부서질 듯 얇은 줄기
그러나 꺾이지 않는 잎

사막의 오아시스
폐허가 된 금광
젊은 불꽃 타오르던
분화구의 처량함
어느 백만장자의 미완성 궁전

버림받은 노새들의 후손이 된 야생화
뜨거운 벌판에 굶주린 짐승들
다가오는 침묵 속에 노래하는
녹색의 고백
끝끝내 살아내는 힘이다

여기, 내가 있다

LA공항은
숨조차 죽이고 있었다

딸의 집에서 내 집까지
스물여섯 시간
나는 물도 숨도 삼켰다

화장실이 두려웠다
목은 바짝 타올랐고
혀끝은 가랑잎처럼 말랐다

집에 도착하자
물 2리터를
단숨에 들이켰다

그건 물이 아니었다
내 안에 쌓인 두려움과 불안을
씻어 내는 성수

물이 목을 타고
심장까지 들어올 때
나는 비로소 알았다

여기, 내가 있다

해설

흙의 기억을 시에 담다

이석우 시인(문학평론가)

충주는 "가운데 중(中)자에 마음 심(心) 자를 합하여 충주라는 지명"으로 탄생하였다. 모름지기 국토의 中央이며, 한반도인 心中이 바로 충주다. 그 움직일 수 없는 표상 바로 중앙탑이다.

이일규 시인의 시집 『중앙탑으로 가네』는 충주의 흙의 기억을 소환하려는 의미심장한 시 정신에서 출발한다는 점에서 주목받을 만하다.

한반도의 중앙을 찾기 위해 발걸음 크기가 같은 사람 둘을 남과 북에서 출발시켜 만난 곳에 중앙탑을 세웠으니 이 얼마나 로맨틱한 발상인가! 이 두 사람은 약속된 상대방을 만나기 위해 같은 시간에 밥을 먹고 같은 시간에 일어나 걷고 또 걸어야 하였다. 이제 세월이 흘러 중앙탑은 약속한 사람을 만나러 가는 명소가 되었다.

탑평리 7층 석탑
서럽도록 눈 시린 그대 있어
강변을 따라 걷는다

통일신라 원성왕은
신라의 중앙을 표시하기 위해
걸음 잘 걷는 사람을
남쪽과 북쪽에서 동시에 출발시키니
충주 남한강변에서
만났다네

　　　　　-「그대 만나러 중앙탑으로 가네」일부

『고려사』는 940년, 고려 태조 23년 충주의 지명을 한반도의 역사에 처음으로 등재한다. 그로부터 1085년의 세월이 흘렀으니, 모름지기 충주는 '천년의 고도'의 독특한 문화 전통을 형성하게 되었다. 올해부터 충주시는 이를 기념하여 매년 4월 23일을 '충주의 날'로 정할 계획을 세운다. 이 시점에서 충주의 역사 문화와 그 정신의 내면을 탐색하려는 『중앙탑으로 가네』가 출간된 것은 매우 뜻깊은 일이다. 시인은 마치 강모래에서 금가루를 찾듯 충주가 가지고 있는 대지의 기억을 소환해 낸다.

충주목 서쪽 28리
고려의 세월 아래
장미산성 남쪽엔
조세를 모아두던 창고가 있었다지

내가 북서쪽을 지켜줄 테니
남한강아,
동쪽으로 휘돌아
북쪽으로 편히 가거라
뱃길과 육로를 품에 안고
하늘에서 내려다보던
산성

신라가 쌓았으나
백제 고구려 신라가 차례로
그 주인이 되었구나

-「장미산성」일부

  이 지상에서 가장 아름다운 산성의 이름이다. 시인은 비 오는 어느 날 장미산성을 찾는다. 그리고 조용히 물어본다. 누가 이곳에 '장미'라는 이름을 심었을까?

  마치 장미꽃이 피었다가 지듯 성의 주인이 신라, 백제, 고구려로 바뀐다. 장미꽃이 피는 날 성 주인이 되었다가 장미꽃이 지는 날 성을 내주고 떠날 수도 있었으리라. 공성과 수성의 치열함을 장미꽃의 피고 짐으로 은유하는 충주인의 세계관과 역사를 읽는 감수성에 놀라지 않을 수 없다.

> 삼탄마을에 하루 다섯 번
> 열차가 선다기에
> 그대 만나러 삼탄으로 갔다
> 강자갈처럼 기차소리
> 모아놓고
> 나를 기다리던 그 사람은
> 어디로 갔는가
> 　　　　　-「삼탄에서 울다」

　시인은 삼탄마을 찾는다. 이 마을에는 하루에 기차가 다섯 번을 선다. 강물이 세 번 여울을 만들고 흐르고 있어 삼탄이라 하였다. 사람들은 여울 물소리를 한탄으로 듣는다. 삼탄마을의 여울 물소리에서 울음의 한스러움을 투사하는 것이다. 시인은 잃어버린 인연을 향해 눈물짓던 사람들의 울음소리를 듣고 있다. 자연에서 그 비조를 찾아내는 시인의 감성이 돋보이는 대목이다.

> 물이 달아
> 사람들은 그 강을 노래하고
> 곁에선 사과가 자란다

단물 머금은 가지마다
하늘빛 묻은 열매
사람들 가슴에서 익어간다

달강이 키운 사과
입술에 닿는
태양의 붉은 속살

입 안 가득 맴도는 충주의 맛
그 속에 강물의
노래가 녹아있다
				-「달래강」일부

　충주인들의 생각은 달콤하고 아기자기하다. 속리산 자락에서 흘러 중원으로 흘러드는 강이름을 달래강이라 하였다. 대지에 촉촉한 수분을 공급하는 강의 물줄기가 얼마나 달콤했으랴. 오죽하면 강물을 대지의 젖줄이라고 하지 않던가.
　시인은 강물의 달콤한 노래를 듣고 있다. 그 노래는 '입안 가득 맴도는 충주의 맛'에 스며드는 것이다. 달래강만큼이나 달콤한 생각은 어느새 충주의 새콤한 사과 맛! 충주의 맛이 되고 있다. 시인의 생각이 참으로 예쁘고 그야말로 달콤하다.

태백에서 발원한
물줄기
산 넘고 고개 넘어 흐르다
여기, 목계
물살이 잠시 숨 고르며
쉬고 있다

이제
배도, 뱃길도 없고
물 밖으로 머리 조아려
말없이 사람들의 발길을 받아주던
징검다리마저
사라졌네

동이 트기 전
사람과 짐을 실어 나르던
배 한 척
눈빛 부석한 얼굴마다
땀내 절은
고단한 삶이 묻어 있었고

한때는
물비린내 서린 웃음소리
그렇게 북적이고 있었지만
억새밭
빼곡한 시간의 등줄기
느슨한 바람만이
헤치고 간다

그래도 여전히 강물 어딘가에
그들의 그림자는
속삭이며 맴돈다
-「목계나루」전문

   태백에서 출발한 뗏목이 중간 휴식에 들어가는 곳이 바로 목계나루다. 뗏목꾼들은 절반의 노임을 털어 하룻밤의 여흥을 즐기기도 했으리라. 이름만 불러보아도 "눈빛 부석한 얼굴마다/ 땀내 절은/ 고단한 삶이 묻어 있었고"에는 삶의 생경함이 어른거린다. 시인은 "한때는/ 물비린내 서린 웃음소리/ 그렇게 북적이고 있었지만"이라며 억새밭 빼곡한 시간의 등줄기에 바람만 스친다고 하고 있다.
   그렇지만 여전히 강물 어디엔가 "그들의 그림자는/ 속삭이며 맴돈다"라고 하였다. 시인의 사물을 들여다보는 감수성이 아름답게 반영되고 있다.

두고 온 마당이
지금은 다 물 냄새로
들어앉았고

돌담이 그려 놓은 물의 지도는
숨을 멈추게 할 만큼
고요하고 예쁘다

잠긴 것들이 더 또렷해진다

물 아래 첫 집,
누군가의 첫 울음,
봄날 새싹들의 말다툼 같은 것들이
지금도 사는 것 같고

호숫가에서
사람들은 사진을 찍고 웃지만
그 물 아래엔
내 발자국들이 말없이 잠겨 있다

누가 지나갔는지
아무도 묻지 않고

햇살만 그 위를 조용히
덮고 간다

잊힌 것들이 아프다
　　　　-「충주호」전문

"잠긴 것들이 더 또렷해진다"라는 말은 '잊혀진 것이 더 애절하고 잃어버린 것이 우리 영혼을 더 절절하게 만든다'라는 생각들과 등가물이 된다.

'잠긴 것들이 더 또렷해진다'라는 이 명제는 시인의 아픈 체험 속에서 형성된 것이다. 여기서 잠겼다는 것은 고향의 산천을 정든 집과 매일 눈뜨면 바라보면 바위와 늙은 소나무와 참나무 위의 까치집 등이 물에 잠겼다는 것이다.

"물 아래 첫 집,/ 누군가의 첫 울음,/ 봄날 새싹들의 말다툼 같은 것들이/지금도 사는 것 같고"라는 수사는 또렷하고 확연하게 떠오르는 영상이다. 시인은 수몰이라는 자신의 아픈 체험을 통해 세상을 향해 명제 하나를 던진다. "잠긴 것들이 더 또렷해진다"

지금까지 시편을 살펴보니 시인의 흙과 역사에 대한 감수성은 어디서 왔을까? 하고 궁금하였다. 그런데 그의 고향 시편을 읽다가 무릎을 쳤다. 바로 여기였구나 하고 감탄하였다. 감수성 충만한 그가 거기에 있었다.

충주 살미면에 있는 공이동은 시인의 고향이다.

고니실 공이곡 공이리로
이어온 자갈밭 들녘
하나 둘 모여든
초가들이
산자락 끝에 매달려 있고

마을 입구가 좁고 긴
호리병 안에는
암수바위
유산 하리 송정 유촌
평촌 공말 단말 하녀골이 산다

선조들의 시 읊는 소리
틈새로 스며든 너럭바위에
바둑판 새겨
노천 노강 노탄 노호 둘러 앉아
바둑을 둔다

따뜻한 마을
동쪽으로 솟구친 능선 따라 송계리와 탄지리

서쪽엔 대미산 어깨 너머 중산리가 마주하고
남쪽으론 하녀골 지나 고운리와 손을 잡고
북쪽엔 암수바위가 마을을 지킨다

사방을 홍시 무스의 달콤함처럼 감싸 안은
이 마을은
오래된 담벼락 모퉁이까지 따스하다

시간의 주름 속에 살아온 사람들의
이야기가 지층을 닮아 쌓여 있는
나의 어머니다
　　　　　　　－「공이동 1」전문

　초가들이 산자락 끝에 매달려 있다. 너럭 바위에는 바둑판이 그려져 있다. 노천 노강 노탄 노호 둘러앉아 바둑을 두고 있다. 참으로 신선이 살 법한 마을이다. 시인은 "오래된 담벼락 모퉁이까지 따스하다"라고 회상한다. 마을의 이야기는 지층을 닮아 쌓여 있는, 진정 세상의 어머니이다.

　시인의 사물을 바라보는 감수성은 내 마을과 내 고장에 고정되어 있지 않다. 그가 직지 세계 문화유산에 보여준 감수성은 주목된다. 그의 역사적 관점은 수상을 이끈 원동력이 되었다.
　아마, 어느 날이던가

　서산의 고운 능선을 넘고 있는
　노을빛은 하루의 온기를 식히며
　부서진 햇살 마을로 내려 보내는데
　저녁거리 구하러 나간 아내는
　돌아오지 않는다

　감나무 가지 끝
　까치밥처럼 겨울새를
　기다리는 일은 하고 싶지 않아
　단감을 향해 장대를 들어 올린다
　아내에게 향하는 마음이
　늘 모자라는 발끝으로 푸른 하늘을 날을 듯
　발뒤꿈치를 한껏 올려본다
　고향의 아내가 거기에 있다

　모래 위에 아내를 그린다
　파도가 쓸고 가면 또 그린다
　이번에는
　진흙 위에 얼굴을 그린다

기다림 저편으로 몇 날의 해가 지나가고
흙 편 위에 화석 같은
그림문자 남는다
교니(흙)글자가 만들어지는 순간이 아닐까

1000년경 중국 송나라에서
동전 한 닢처럼 얇은 흙 편에
글자를 새겨 구워내니
교니활자 세상에 나왔다
얼굴무늬 막새에 어느새
신라의 미소가
아른거린다
     -「활자의 여행 3」전문

 양식 구하러 간 아내의 얼굴을 흙 위 그렸는데 몇 해가 지나 그 얼굴이 흙 편 위에 화석 같은 그림문자로 남았지 않았겠냐는 역사적 상상력이 발현되고 있다. 교니(흙)글자가 만들어지는 과정을 서정적인 양식으로 소화하고 있는데 방점이 있다. 시인의 상상력은 신라 시대의 막새에 구현되고 있는 신라 천 년의 미소와 접맥된다.
 이일규 시인 역사적 상상력은 여기서 멈추지 않는다. 4부의 해외 여행 시편을 살펴보면 서구 문명을 바라보는 그의 따뜻하면서 세련된 역사에 대한 인간적인 시각을 확인하게 된다. 시의 일부를 옮기면서 글 맺는다.

"모세가 하느님께 받은 말씀을/ 그 돌 위에,/ 지금은 작은 경당이 앉아 있고/ 나는 초승달처럼 비워둔 그릇" -「내 영혼, 산을 오르다」

"말없이 기다리다 마침내 말을 건네는/ 사슴 한 마리, 무릎을 꺾어 접은 채/ 풀숲에서 고개만 내밀고/ 나를 바라보고 있었다" -「옐로우스톤의 새벽」

돌아올 수 없는 길/ 지금도 그 여인을 부른다/ 입 밖에 내지 못한 그 이름/ "아지야데" -「피에로티 언덕」.

이일규시집

중앙탑으로 가네

발행일	2025년 10월 10일
지은이	이일규
펴낸곳	편백나무출판사
출판등록	2013. 7. 1.(제 2013-000013호)
주소	충북 청주시 청원구 1순환로 335번길 47-1
전화번호	043)252-3137 팩스 0303-3447-3137

ⓒ이일규 2025

ISBN 979-11-86977-47-7

값 12,000원

이 책은 2025년 충청북도, 충북문화재단 의 후원을 받아 예술창작활동지원사업의 일환으로 발간되었습니다.